실용한자

實用漢字

2013

李 玉 勳

제이앤씨
Publishing Company

머리말

한자를 알면 일상생활이나 사회생활에 편리하고 유리한 점이 매우 많다. 하지만 보통 암기만을 위주로 공부하다 보면, 글자 수도 많고 비슷한 글자 같은 음이 많아 어렵다는 느낌이 드는 것도 사실이다.

- 어떻게 하면 쉽게 한자를 익힐 수 있을까?
- 실제 생활에 다양하게 응용할 수 있는 방법은 무엇일까?

여러 참고 문헌들을 보면서 궁리한 끝에 이 책에서는 214개 부수의 본의(本義)를 정확하게 이해하는데 주안점을 두어, 한자에 접근하기 쉽도록 편성하였다.

그래야만 잘 모르는 한자가 있어도 자전(字典)에서 직접 찾아보고 활용할 수 있는 능력이 생기기 때문이다.

또 재미있는 이야기가 담겨있는 고사성어와 명문(名文)의 문구(文句)를 익혀, 상식도 넓어지고 옛 선인들의 생활과 사상을 가슴 깊이 되새기어 인성 발달에도 도움이 되기를 기대해 본다.

끝으로 한자의 묘미(妙味)를 느껴 흥미를 가지고 공부하다가 자기도 모르게 손뼉 칠 수 있기를 바라면서….

2013년 2월
엮은 이

목차

머리말 · 03

① 한자(漢字) 학습의 필요성(必要性) ················· 07

② 필순(筆順)과 육서(六書) ······················· 11

③ 사전 찾는 법 ······························· 18

④ 부수(部首) Ⅰ ····························· 19

⑤ 부수(部首) Ⅱ ····························· 27

⑥ 부수(部首) Ⅲ ····························· 34

⑦ 한자어의 구조 ···························· 43

⑧ 문학작품, 신문, 서적을 통해 직접 익혀보기 ···· 47

⑨ 동음이의(同音異義)와 동음반의(同音反義) ········ 48

⑩ 생활한자(生活漢字)의 활용(活用) ················ 54

⑪ 사자성어(四字成語)와 명문(名文) Ⅰ ············· 57

⑫ 고사성어(故事成語)와 명문(名文) Ⅱ ············· 62

⑬ 고사성어(故事成語)와 명문(名文) Ⅲ ············· 66

⑭ 고사성어(故事成語)와 명문(名文) Ⅳ ············· 71

⑮ 일자다음(一字多音)과 혼동하기 쉬운 한자 ······· 75

참고문헌 · 82

1 한자(漢字) 학습의 필요성(必要性)

1.1 왜 한자를 배워야 하는가?

* 우리나라는 한자 문화권에 속해 있다.
* 한자는 한자 문화권의 공용어였다.
* 우리나라는 역사적으로 오랫동안 한자로 문화생활을 하였다.
* 한자 학습은 결국 우리말 사용을 풍요롭게 하는 것이며, 우리 문화유산을 계승 발전시키는 것이다.

1.2 한자 학습의 이해

* 한자는 표의문자(表意文字)로서 형(形), 음(音), 의(義)의 세 요소로 구성되어 있다.
* 한자의 자형(字形)과 자의(字義) 어느 것이 오래 되었을까?
* 한자의 자형은 왜 자꾸만 변해 왔는가?
* 하나의 한자가 여러 뜻으로 쓰이는 까닭은?

1.3 한자의 여러가지 글자체

(1) 갑골문(甲骨文)

현존하는 중국 최고(最古)의 문자를 가리킨다. 殷代(BC16세기~BC11세기)의 사람들은 거북의 가슴뼈(龜甲)나 짐승의 뼈를 이용하여 점을 쳤다. 점친 내용을 칼로써 새겨 놓은 기록을 복사(卜辭)라 하고, 그 문자를 갑골문(甲骨文) 또는 갑골문자(甲骨文字)라 한다.

1899년 최초로 발견된 이후 갑골학이라는 새로운 학문이 생겨날 정도로 많은 연구를 하게 되었다. 갑골문의 글자 수는 대략 4,500자며 판독이 가능한 것은 약 1/3 정도라고 한다.

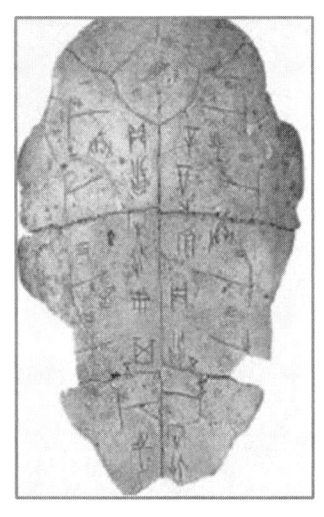

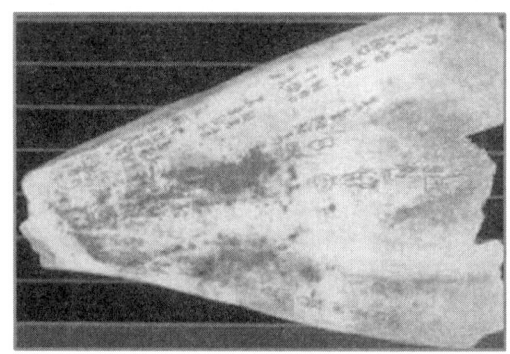

(2) 금문(金文)

상(商), 서주(西周), 춘추(春秋), 전국(戰國)시대의 청동기에 새겨진 문자의 총칭으로 그 당시에는 청동기를 금金이라 하였고, 청동기에 새겨진 글자를 길금문자(吉金文字)라 하였으며, 약칭하여 금문(金文)이라 하였다. 갑골문은 실용성이 강하여 간략화가 강조된 반면, 금문은 장식성과 예술성이 강조된 것이기 때문에 한자의 원시형태가 잘 보존되어 있는 경우가 많다.

(3) 전서(篆書)

고대 한자 서체 명칭의 일종으로 주(周)나라 말기부터 진(秦)나라 때까지 통용 되었다. 대전(大篆, 周, 태사주<籀>)과 소전(小篆, 秦. 李斯)으로 나누어지는데 일반적으로 전서라 함은 소전을 가리키는 것이다.

진시황이 문자를 통일할 때 사용한 서체도 바로 소전이다. 예전에 도장을 새길 때에는 주로 전서(篆書)를 애용하였다.

(4) 예서(隷書)

쓰기 불편하고, 속도가 느려 시간이 많이 걸렸던 전서 서체를 쓰기 편리하도록 고친 것이 예서 서체다. 진(秦)나라 때부터 일부 쓰기 시작하여 한(漢)나라 때에는 대중적으로 널리 쓰였다. 전서 단계에서 예서 단계로 바뀌는 과정에서 한자의 자형(字形)이 크게 변화되었다. 이러한 변혁을 예변(隷變)이라 하며, 문자의 원형 보존보다는 간편성에 우선을 두어 실용적 측면으로 큰 발전을 이루었다.

(5) 해서(楷書)

한(漢)나라에서 출현(出現)하여 육조(六朝)시대 이후 현재까지 쓰이고 있는 필기체와 인쇄체를 겸용하는 서체이다. 진서(眞書), 정서(正書)라고도 하였다. 해서의 해(楷)는 '본보기', '표준'이라는 뜻을 담고 있기에 '표준서'라 규정하면 이해가 쉽다. 과거 제도가 처음 실시된 당(唐)나라 때 해서가 수험생들에게 큰 호응을 얻었으며, 우리나라도 조선시대에 과거 답안지를 모두 해서체로 작성하였다.

(6) 행서(行書)

해서(楷書)와 초서(草書)의 중간 형태의 서체를 가르키며 '흘림서체'라 부르기도 한다. 쓰기에 편하고 또 초서(草書) 보다는 알아 보기가 쉬워 널리 애용되고 있다. 한(漢)대 부터 시작하여 현재까지도 사용되고 있어 사용기간이 가장 긴 서체이다.

(7) 초서(草書)

행서와 더불어 2종 필기체 가운데 하나가 초서이다. 필획을 연이어 쓰되, 행서보다 더 과감하게 한자 구조를 대폭 줄여서 쓴 것으로 '갈림서체'라고도 한다.

초서는 실용적으로는 가치가 적지만 예술적으로는 매우 높은 가치를 지닌다.

	부수 / 총획		갑골문	금문	소전	예서	초서
行 다닐 행 / 항렬 항	行 / 6획						
又 또 우	又 / 2획						
止 그칠 지	止 / 4획						
示 보일 시	示 / 5획						

② 필순(筆順)과 육서(六書)

2.1 한자의 필순

(1) 상하(上下) 구조는 위에서 아래로 쓴다.

高

(2) 좌우(左右) 구조는 왼쪽에서 오른쪽으로 쓴다.

好

(3) 좌우 대칭인 글자는 가운데 획을 먼저 쓴다.

小

(4) 내외(內外) 구조는 바깥을 먼저 쓰고 안의 것은 나중에 쓴다.

閉

(5) 글자 전체를 관통하는 세로획은 맨 마지막에 쓴다.

中

(6) 왼쪽 삐침을 먼저 쓴다.

人

(7) 오른쪽 어깨의 ' ` '은 맨 마지막에 쓴다.

犬

(8) 走, 辵는 맨 먼저 쓴다.

起

題

(9) 가로획이 길고 왼쪽 삐침이 짧은 경우 왼쪽 삐침을 먼저 쓴다.

右

有

(10) 가로획이 짧고 왼쪽 삐침이 긴 글자는 가로획을 먼저 쓴다.

左

友

存

2.2 육서(六書)

설문해자(設文解字)의 저자인 허신(許愼)은 한자가 만들어진 원리를 한자 구성요소의 결합에 따라 여섯가지 종류로 나누었다. 이를 육서라고 한다. 따라서 육서란 '한자를 만든 여섯가지 원리'이다.

육서의 운용원리는 다음과 같이 구분된다.

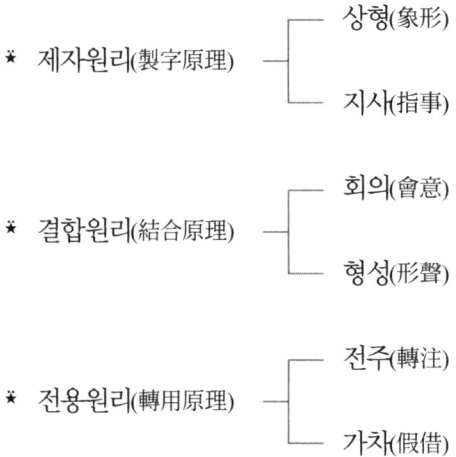

* 제자원리(製字原理) ── 상형(象形) / 지사(指事)

* 결합원리(結合原理) ── 회의(會意) / 형성(形聲)

* 전용원리(轉用原理) ── 전주(轉注) / 가차(假借)

(1) 상형(象形)

구체적인 사물의 모양(形)을 본떠서(象) 글자를 만드는 방법이다. 상형에 속하는 한자라도 지금의 자형(字形)은 오랜 세월을 거치면서 많은 사람들의 손에 의해 간략화된 결과이기 때문에 원형과 멀어진 예가 많다.

人	사람인									
手	손수									
心	마음심									

自	스스로자									
目	눈목									
耳	귀이									
身	몸신									
木	나무목									
山	뫼산									
牛	소우									
馬	말마									

(2) 지사(指事)

지사(指事)는 형상화할 수 없는 추상적인 의미를 부호화하여 나타내는 방법이다.

上	윗상									
下	아래하									
一	한일									
五	다섯오									
七	일곱칠									
本	근본본									
末	끝말									

刃	칼날인									
元	으뜸원									
尺	자척									
曰	가로왈									

(3) 회의(會意)

회의(會意)는 상형 방식을 활용하여 이미 만들어진 2개 이상의 요소들을 조합하는 방식을 말한다. 즉 상형은 의미를 단위로 더 이상 나눌 수 없는데 비하여, 회의는 의미를 단위로 2개 이상의 요소로 나눌 수 있다는 것이 큰 차이이다. 2개 이상의 요소들이 조합되었다는 점에서 형성(形聲)과 흡사하지만 해당 글자의 음과 관련 있는 요소는 없고, 모든 요소가 의미와 관련이 있다는 점이 다르다.

相	서로상									
析	쪼갤석									
仁	어질인									
臭	냄새취									
狀	형상상 문서장									
突	갑자기돌									
醉	취할취									
待	기다릴대									

林	수풀림										

(4) 형성(形聲)

형성(形聲)은 기존의 한자를 조합하여 새로운 글자를 만들되 한쪽은 의미 요소를 나타내고, 다른 한쪽은 발음 요소를 나타내도록 만든 방법이다. 전체 한자의 80%가 형성 방식을 취하였다. 형성자(形聲字) 중 일부는 발음 요소가 의미 요소를 겸하는 것도 있다. 전통적으로는 '회의겸(兼) 형성' 또는 '형성겸(兼)회의'라 명명하기도 하였다.

校	학교교									
住	살주									
問	물을문									
聞	들을문									
球	공구									
洋	큰바다양									
導	인도할도									
停	머무를정									
座	자리좌									
洞	골동 밝을통									

(5) 전주(轉注)

어떤 글자의 음이나 의미가 바뀌게 되자, 본래 글자의 의미를 표현하기 위해서 원래의 의미와 같고, 음도 비슷하며, 글자의 형체도 관련이 있는 새로운 글자를 만드는 구성 원리를 말한다.

* 八 ─┬─ 나누다 : 뜻이 달라짐 → 자르다의 뜻을 가진 刀와 결합 → 分
　　　└─ 여덟 : 여덟으로 굳어짐

* 北 ─┬─ 두 사람이 등지다 : 뜻이 사라짐 → 몸을 나타내는 月 결합 → 背
　　　└─ 북쪽 : 북쪽으로 굳어짐

* 전주는 考·老 따위로 글자의 뜻을 서로 받아 좌우로 전환하여 붙임을 말하기도 한다.

(6) 가차(假借)

본래 소리와 뜻을 가지고 있으나, 글자가 없는 경우에 같은 소리가 나는 다른 글자의 모양을 사용하는 구성 원리를 말한다.

* 自(스스로 자) : 본래 '코(鼻)'의 뜻이나 '나'의 뜻을 가진 글자로 사용하고 있다.

* 亦(또한 역) : 본래 '겨드랑이(腋)'의 뜻이나 '또'의 뜻을 가진 글자로 사용하고 있다.

③ 사전 찾는 법

3.1 자전(字典)에서 한자를 찾는 세 가지 방법

(1) 부수색인법(部首索引法)

  ✱ '부수색인'에서 찾고자하는 한자의 부수를 찾아 그 밑에 적힌 쪽을 펼친다.

  ✱ 부수를 제외한 획수를 세어 찾고자 하는 한자의 음과 뜻을 확인한다.

(2) 자음색인법(字音索引法)

  ✱ '자음색인'에서 찾고자 하는 한자의 음을 찾는다.

  ✱ 자음 아래 적힌 쪽을 펼친 후, 한자의 음과 뜻과 부수를 확인한다.

(3) 총획색인법(總劃索引法)

  ✱ 한자의 부수도, 자음도 모를 때 찾는 방법이다.

  ✱ 한자의 총획수를 세어 '총획색인'에서 한자를 찾아 확인한다.

3.2 자전 찾아보기

春 來 梨 花 白   夏 至 樹 葉 靑

父 慈 子 當 孝   兄 友 弟 亦 恭

④ 부수(部首) Ⅰ

부수(部首)는 중국 문자학의 아버지 허신(許愼)이 수많은 한자를 어떻게 분류 할 것인가를 두고 여러 글자들에 공통적으로 쓰인 요소를 찾아낸 것에서 유래되었다. 따라서 같은 부수를 가지고 있는 글자들은 의미 범주가 같은 경우에 해당된다.

부수가 처음 창안(創案) 되었을 때는 540개에 달할 정도로 수가 많았다. 1615년에 매응조(梅膺祖)가 편찬한 『자휘(字彙)』라는 자전에서는 214개로 대폭 감축되었다.

청나라 황제의 명에 따라 1716년에 편찬된 『강희자전(康熙字典)』이 214개 부수체계를 답습하고 있고, 우리나라에서는 이 자전의 영향으로 모든 자전들이 214개 부수 체계를 따르게 되었다.

다음은 214개 부수를 획수별로 정리한 것이다.

(1) 1획

一 한일	丁	넷째천간정 소리정				不	아니불 아닌가부			
	丈	어른장				丙	남녘병			
︱ 뚫을곤	个	낱개				中	가운데중			
丶 점주	丸	알환				丹	붉을단			
	主	주인주								
丿 삐침별	乃	이에내				久	오랠구			
	之	갈지								

乙 새을	九	아홉구				乳	젖유			
	乾	마를건 하늘건				亂	어지러울란			
亅 갈고리궐	了	마칠료				予	나여			
	事	일사								

(2) 2획

二 두이	于	어조사우 탄식할우				五	다섯오			
	井	우물정				互	서로호			
亠 돼지머리해	亡	망할망				交	사귈교			
	亥	돼지해				京	서울경			
人 사람인	仁	어질인				仕	벼슬사			
	使	하여금사 사신사				信	믿을신			
儿 어진사람인	光	빛광				元	으뜸원			
	先	먼저선				克	이길극			
入 들입	內	안내 드릴납				全	온통전			
	兩	두량				兪	그러할 유			

八 여덟팔	六	여섯륙				共	함께공			
	兵	군사병				典	법전			
冂 먼데경	冊	책책				再	두재			
	冒	가릴모				冑	투구주			
冖 덮을멱 (민갓머리)	冠	갓관 관례관				冥	어두울명			
	冤	원통할원				冢	클총 무덤총			
冫 얼음빙	冬	겨울동				冷	찰냉			
	凊	서늘할 청(정)				凍	찰동			
几 안석궤	凡	무릇범				凰	봉황새황			
	凱	개선할개								
凵 입벌릴감	凶	흉할흉				出	날출			
	函	함함								
刀 칼도	刃	칼날인				分	나눌분			
	切	끊을절				利	이로울리 날카로울리			
力 힘력	加	더할가				功	공공			
	助	도울조				勉	힘쓸면			
勹 쌀포	勿	말물				包	쌀포			
	匈	오랑캐흉								

匕	비수비 (숟가락)	化	화할화				北	북녘북 달아날배			
		匙	숟가락시								
匚	상자방 (터진입 구)	匠	장인장				匭	궤갑			
		匪	도적비 아닐비				匱	함궤			
匸	감출혜 (터진에 운담)	匹	짝필				區	구역구			
		匿	숨을닉								
十	열십	南	남녘남				午	낮오			
		卒	군사졸				協	화합할협			
卜	점복	占	점점				卦	점괘괘			
卩	병부절	卯	토끼묘 네째지지				危	위태할위			
		印	도장인				卷	책권			
厂	언덕한 (민엄호)	厚	두터울후				原	근원원			
		厭	싫을염				厲	숫돌려 사나울려			
厶	사사사	去	갈거				參	석삼			
又	또우 (손우)	及	미칠급				反	오히려반 뒤엎을반			
		取	취할취				受	받을수			

(3) 3획

부수	한자	뜻				한자	뜻			
口 입구	可	옳을가				古	옛고			
	史	역사사				右	오른쪽우			
囗 에워쌀위	圖	그림도				因	인할인			
	回	돌아올회				國	나라국			
土 흙토	地	땅지				坎	구덩이감			
	坐	앉을좌				坤	땅곤			
士 선비사	壬	아홉째천간임				壻	사위서			
	壹	한일				壽	목숨수			
夊 뒤져올치	各	口部				冬	冫部			
夊 천천히걸을쇠	夏	여름하				夌	언덕릉			
夕 저녁석	外	바깥외				多	많을다			
	夙	일찍숙				夢	꿈몽			
大 큰대	夫	사내부				天	하늘천			
	夷	오랑캐이평탄할이				奉	받들봉			
女 여자녀	奴	종노				妄	망녕될망			
	如	같을여				姙	아이밸임			

子 아이자	孔 구멍공				存 있을존			
	季 끝계				孟 맏맹 맹랑할맹			
宀 집면	守 지킬수				安 편안안			
	宣 베풀선				室 집실			
寸 마디촌	寺 절사 내시시				專 오로지전			
	射 쏠사 맞출석				尊 높을존 술통준			
小 작을소	少 적을소				尖 뾰족할첨			
	尙 오히려상							
尢 절름발 이왕	尤 더욱우				尨 삽살개방			
	就 나아갈취							
尸 주검시	居 살거				尺 자척			
	尿 오줌뇨				尾 꼬리미			
屮 싹날철	屯 언덕둔 어려울준							
山 뫼산	岳 큰산악				岸 언덕안			
	島 섬도				峯 봉우리봉			
川 내천	州 고을주				巡 순행할순			
	巢 새집소							

工 장인공	巨	클거				巧	공교로울교		
	巫	무당무				差	어긋날차		
己 몸기	巳	뱀사				已	이미이		
	巷	거리항				巽	괘이름손		
巾 수건건	帝	임금제				常	떳떳할상		
干 방패간	幹	줄기간				平	평평할평		
	年	해년				幸	다행행		
幺 작을요	幼	어릴유				幽	그윽할유		
	幾	기미기				幻	허깨비환		
广 집엄	序	차례서				庚	일곱째천간 경		
	底	밑저				庭	뜰정		
廴 끌인	延	끌연				廷	조정정		
	建	세울건				廻	돌회		
廾 받들공	弄	희롱할롱				弁	꼬깔변		
	弊	해어질폐				弈	바둑혁		
弋 주살익	式	법식				弑	죽일시		
弓 활궁	弔	위문조				弗	아닐불		
	弘	넓을홍				弟	아우제		

彐	터진가로왈 돼지머리계	彖	판단할단				彘	돼지체			
		彙	모을휘				彛	떳떳할이			
彡	터럭삼	形	형상형				彬	빛날빈			
		彫	새길조				影	그림자영			
彳	두인변 자축거릴척	往	갈왕				征	칠정			
		後	뒤후				得	얻을득			
		德	큰덕				復	회복할복			

(1) 4획

心 마음심	恭 공손할공			恕 용서할서		
	必 반드시필			忌 꺼릴기		
戈 창과	戍 수자리수			我 나아		
	或 혹혹			戰 싸울전		
戶 지게호	房 방방			所 바소 곳소		
	扇 부채선			扁 낮을편 편편할편		
手 손수	才 재주재			技 재주기		
	投 던질투			拜 절배		
支 지탱할지	支 지탱할지					
攴 칠복 두드릴복	收 거둘수			改 고칠개		
	放 놓을방			效 본받을효		
文 글월문	斑 얼룩질반			斐 문채날비		
斗 말두	料 헤아릴료			斜 비낄사		
斤 도끼근	斧 도끼부			新 새신		
	斷 끊을단 결단할단			斥 내칠척		

方 모방	施	베풀시				旅	나그네려			
	族	겨레족				旗	기기			
无 없을무	旣	이미기								
日 날일	旦	아침단				旬	열흘순			
	旱	가물한				旻	하늘민			
曰 가로왈	曲	굽을곡 가락곡				書	글서			
	曾	일찍증				會	모을회			
月 달월	有	있을유 또유				朔	초하루삭			
	望	바랄망				朝	아침조			
木 나무목	杜	팥배나무두				村	마을촌			
	東	동녘동				枉	굽을왕			
欠 하품흠	欲	하고자할욕				歌	노래가			
	歎	탄식할탄				歡	기뻐할환			
止 그칠지 발자국 지	正	바를정				步	걸을보			
	歲	해세				歸	돌아올귀			
歹 뼈알 죽을사 변	死	죽을사				殆	위태로울태			
	殊	다를수				殉	따라죽을순			

殳 창수 갖은둥 글월문	段 층계단					殺 죽일살			
	殿 대궐전					毁 헐훼			
毋 말무	母 어미모					每 매양매			
	毒 독할독								
比 견줄비	比較 비교								
毛 터럭모	毫 가는털호					毳 솜털취			
氏 각시씨	民 백성민					氐 근본저			
	氓 백성맹								
气 기운기	氣運 기운								
水 물수	氷 얼음빙					決 정할결			
	沐 머리감을목					泉 샘천			
火 불화	灰 재회					災 재앙재			
	烈 매울렬					然 그럴연			
爪 손톱조	爭 다툴쟁 간할쟁					爲 할위 위할위			
	爵 벼슬작								
父 아비부 남자미칭보	爺 아비야					爸 아비파			
爻 점괘효	爽 시원할상					爾 너이			
爿 나무조각장 장수장	牀 평상상					牆 담장			

片 조각편	版 판목판				牖 창유			
	牌 패패							
牙 어금니아	象牙 상아							
	齒牙 치아							
牛 소우	牝 암컷빈				牧 칠목			
	牲 희생생				特 특별할특			
犬 개견	狗 개구				狂 미칠광			

(2) 5획

玄 검을현	率 거느릴솔				茲 이자			
玉 구슬옥	玩 장난할완				珍 보배진			
瓜 오이과	瓠 박호				瓢 바가지표			
瓦 기와와	瓷 사기그릇자				甕 항아리옹			
甘 달감	甚 심할심							
生 날생	産 낳을산							
用 쓸용	用件 용건							
田 밭전	由 말미암을유				男 사내남			

疋 발소 짝필	疏 소원할소				疑 의심할의			
疒 병들녁 병질엄	病 병병				痛 아플통			
癶 어그러질발 필발머리	登 오를등				發 필발			
白 흰백	的 과녁적				皇 임금황			
皮 가죽피	皮膚 피부							
皿 그릇명	益 더할익				盈 찰영			
目 눈목	盲 소경맹				省 살필성 덜생			
矛 창모	矛盾 모순							
矢 화살시	知 알지				短 짧을단			
石 돌석	砂 모래사				破 깨뜨릴파			
示 보일시	神 신신				祈 빌기			
内 발자국 유	禽獸 금수							
禾 벼화	私 개인사				秋 가을추			
穴 구멍혈	空 빌공				窓 창창			
立 설립	竝 아우를병				端 바를단			

(3) 6획

부수	한자				한자			
竹 대죽	第 차례제				答 대답답			
米 쌀미	粉 가루분				粥 죽죽			
糸 실사	紅 붉을홍				約 약속약			
缶 장군부	缺席 결석							
网 그물망	罔 그물망				罪 죄죄			
羊 양양	美 아름다울미				義 옳을의			
羽 깃우	習 익힐습				翦 화살전			
老 늙을로	耆 늙은이기				者 놈자			
而 말이을이	耐 견딜내							
耒 쟁기뢰	耕 밭갈경				耦 짝우			
耳 귀이	聖 성스러울성				聞 들을문			
聿 붓율	肆 방자할사				肅 엄숙할숙			
肉(月) 고기육	肥 살찔비				育 기를육			
臣 신하신	臥 누울와				臨 임할임			
自 스스로자	臭 냄새취				臬 과녁얼			
至 이를지	致 이를치				臺 대대			
臼 절구구	與 줄여				興 일어날흥			

舌 혀설	舍 집사				舒 펼서				
舛 어그러질천	舞 춤출무				舜 임금순				
舟 배주	般 돌반				船 배선				
艮 괘이름간	艱 어려울간				良 좋을량				
色 빛색	艶聞 염문								
艸 풀초	芳 꽃다울방				草 풀초				
虍 호랑이호	虎 범호				處 곳처				
虫 벌레충	虹 무지개홍				蛇 뱀사				
血 피혈	衆 무리중								
行 다닐행	街 거리가				衛 지킬위				
衣 옷의	表 겉표				衷 속마음충				
襾 덮을아	西 서녘서				要 구할요				

(1) 7획

見 볼견	視 볼시				覺 깨달을각			
角 뿔각	解 풀해				觸 닿을촉			
言 말씀언	記 적을기				訓 가르칠훈			
谷 골곡	谿谷 계곡							
豆 콩두	豈 어찌기				豊 풍년풍			
豕 돼지시	豚 돼지돈				象 코끼리상			
豸 발없는 벌레치	豹 표범표				貌 얼굴모			
貝 조개패	貞 곧을정				財 재물재			
赤 붉을적	赦 용서할사				赫 붉을혁			
走 달릴주	起 일어설기				超 넘을초			
足 발족	趾 발지				距 거리거			
身 몸신	躬 몸궁				躶 벌거벗을라			
車 수레거	軍 군사군				輩 무리배			
辛 매울신	辨 분별할변				辭 말사			
辰 별진	辱 욕되게할욕				農 농사농			

辶 쉬엄쉬엄갈착	近 가까울근			途 길도		
邑(阝) 고을읍	邦 나라방			都 도읍도		
酉 닭유	配 짝배			酒 술주		
釆 분별할변	釋 풀석			采 캘채		
里 마을리	重 무거울중			野 들야		

(2) 8획

金 쇠금	針 바늘침			錢 돈전		
長 길장	長點 장점					
	長年 장년					
門 문문	開 열개			間 틈간		
阜(阝) 언덕부	防 뚝방			陵 큰언덕릉		
隶 미칠이	隷書 예서					
隹 새추	雀 참새작			雅 우아할아		
雨 비우	電 번개전			露 이슬로		
靑 푸를청	靖 편안할정			靜 고요할정		
非 아닐비	是非 시비					

(3) 9획

面 얼굴면	面談 면담					
革 가죽혁	靴 가죽신화			鞋 신혜		
韋 가죽위	韋編 위편					
韭 부추구	韮菹 구저					
音 소리음	韻 음운운			響 울림향		
頁 머리혈	頂 정수리정			頭 머리두		
風 바람풍	颱 거센바람태			飄 나부낄표		
飛 날비	飛躍 비약					
食 밥식	飮 마실음			養 기를양		
首 머리수	馘 귀벨괵					
香 향기향	馥 향기로울복			馨 향내날형		

(4) 10획

馬 말마	駒 망아지구			驚 놀랄경		
骨 뼈골	體 몸체			骸 뼈해		
高 높을고	高潔 고결					

髟 머리털 늘어질표	髻 상투계						
鬥 싸울투	鬪爭 투쟁						
鬯 술창	鬯酒 창주						
鬲 솥력 솥격	鬻 죽죽						
鬼 귀신귀	魂 넋혼			魄 넋백			

(5) 11획

魚 고기어	魯 미련할로				鮮 생선선			
鳥 새조	鳴 울명				鳳 봉황새봉			
鹵 소금로	鹽 소금염							
鹿 사슴록	麋 순록미				麒 기린기			
麥 보리맥	麵 밀가루면				麴 누룩국			
麻 삼마	麻醉 마취							

(6) 12획

黃 누를황	黃栗 황률				

黍 기장서	黎明 여명						
黑 검을흑	黯 어두울암			點 점점			
黹 바느질할치	黼黻 보불						

(7) 13획

黽 맹꽁이맹	黽黽 개구리와			鼄 거미주			
鼎 솥정	鼎鬲 정력						
鼓 북고	鼓動 고동						
鼠 쥐서	鼯 날다람쥐오						

(8) 14획

鼻 코비	鼻孔 비공					
齊 가지런할제	齊戒 제계					

(9) 15획

齒 이치	齡 나이령			齧 깨물설			

(10) 16획

龍 용룡	龍門 용문			
龜 거북귀	龜鑑 귀감			

(11) 17획

龠 피리약	歙龠 취약			

6.2 부수의 위치

(1) **변(邊)** : 부수가 글자의 왼쪽에 있는 것.

氵(水)	이수변	冷 凍
忄(心)	심방변	情 性
彳	두인변	後 德
阝(阜)	좌부변	防 陸

(2) **방(傍)** : 부수가 글자의 오른쪽에 있는 것

刂(刀)	선칼도방	利 別
阝(邑)	우부방	邦 鄕

(3) 머리: 부수가 글자의 위에 있는 것

亠	돼지머리해	亡	交
冖	민갓머리	冠	冥
宀	갓머리	安	家
艹	초두머리	花	萬
雨	비우	雪	雲

(4) 발: 부수가 글자의 밑에 있는 것

皿	그릇명밑	益	盛
儿	어진사람인발	兄	光
灬 (火)	연화발, 불화	無	然

(5) 엄: 부수가 위와 왼쪽을 덮고 있는 것

广	엄호	店	序
尸	주검시엄	尿	尾
厂	민엄호	厚	原

(6) 몸: 글자를 에워싸고 있는 것

囗	큰입구몸	國	圖
門	문문	問	閑

(7) **받침** : 왼쪽과 밑을 싸고 있는 것

辶/辵　　책받침　　　　進　近

夂　　　민책받침　　　　延　建

(8) **제부수** : 한 글자가 그대로 부수인 것

木　谷　金　馬　鼻 … 등

6.3 글자 모양만 다를 뿐 의미 범주는 같거나, 달라도 큰 차이가 없는 예[1]

(1) 人 (사람 인)/ 儿 (어진사람 인) :
사람과 관련이 있음을 나타낸다.

(2) 又 (또 우)/ 寸 (마디 촌)/ 爪 (손톱 조)/ 廾 (받을 공)/
手 (손 수)/ 鬥 (싸울 투)/ 攴 (칠 복)/ 殳 (창 수) :
한 손 또는 두 손, 혹은 손에 무엇인가를 잡고서 하는 행위와 관련이 있음을 나타낸다.

(3) 頁 (머리 혈)/ 首 (머리 수) :
원래는 사람의 머리와 짐승의 머리라는 차이가 있으나 실제로 그렇게 구분하여 쓰이는 예
는 극히 드물다.

(4) 隹 (새 추)/ 鳥 (새 조) :
원래는 꼬리가 짧은 새와 꼬리가 긴 새의 차이가 있었다는 설이 있지만, 실제로 그러한 차

---

[1] 참고문헌 12. pp37-39

이를 나타내는 예는 드물다.

(5) 飛 (날 비)/ 羽 (깃 우) :
둘 다 날개 또는 날개 짓과 관련된 의미를 나타낸다.

(6) 冖 (덮을 멱)/ 巾 (수건 건) :
보자기나 수건에 관련된 의미를 나타낸다.

(7) 宀 (집 면)/ 广 (집 엄) :
집 그 자체 또는 집에 부속된 건물과 관련된 의미를 지닌다.

(8) 言 (말씀 언)/ 舌 (혀 설)/ 音 (소리 음)/ 欠 (하품 흠) :
모두 입이나 혀와 관련된 말, 또는 입을 크게 벌린 동작과 관련된 의미를 나타낸다.

(9) 止 (그칠 지)/ 夂 (뒤져올 치)/ 夊 (천천히 걸을 쇠)/ 舛 (어그러질 천)/ 癶 (어그러질 발)/
韋 (가죽 위)/ 疋 (발 소)/ 足 (발 족)/ 走 (달릴 주) :
모두 발이나 발자국과 관련이 있는 의미를 나타낸다.

(10) 彳 (자축거릴 척, 두인 변)/ 辶 (쉬엄쉬엄갈 착)/ 廴 (끌 인)/ 行 (다닐 행) :
모두 길거리 모양과 관련이 있기에 '길' 또는 '길을 가다'와 관련이 있는 의미를 나타낸다.

7 한자어의 구조

7.1 한자어(漢字語)

한자어(漢字語)란 둘 이상의 한자가 합쳐져서 만들어진 단어를 일컫는다. 한자어가 만들어질 때에는 다음의 여러가지 경우와 같이 일정한 짜임의 원리가 작용한다.

(1) 주술관계(主述關係) - 주어 + 서술어

天高 천고					
水明 수명					
夜深 야심					
春來 춘래					
年少 연소					
日沒 일몰					

(2) 술목관계(述目關係) - 서술어 + 목적어

讀書 독서					
採石 채석					

樂山 요산						
成功 성공						

(3) 술보관계(述補關係) - 서술어 + 보어

有利 유리						
登山 등산						
歸家 귀가						
報國 보국						

(4) 수식관계(修飾關係) - 수식어 + 피수식어

* 형용사 + 명사

淸風 청풍						
美人 미인						

* 부사 + 형용사

至高 지고						
極甚 극심						

* 부사＋동사

力走	역주					
高飛	고비					

(5) 병렬관계(並列關係) − 관계가 있는 것, 같은 성분끼리 결합

* 상대(相對)관계 : 뜻이 서로 상대되는 글자가 모인 구조

明暗	명암					
喜怒	희로					
淸濁	청탁					
多少	다소					

* 대등관계(對等關係) : 뜻이 서로 대등한 글자가 모인 구조

富貴	부귀					
草木	초목					
貴重	귀중					
桃李	도리					

* 유사관계(類似關係) : 뜻이 서로 유사한 글자가 모인 구조

海洋	해양						
存在	존재						

7.2 한자를 알면 의미를 확실히 알 수 있는 우리말 [2]

(1) 及其也(급기야) : 마침내

(2) 大綱大綱(대강대강) : 대강이란 본래 일의 중요한 부분을 의미한다. '대강대강'이라고 하면 중요한 부분만'을 의미하다가 결국 '일을 적당히 처리 한다'는 뜻으로 쓰이게 되었다.

(3) 孟浪(맹랑) : 孟(엉터리 맹) + 浪(방자할 랑) - 허망하거나 엉터리라는 뜻이었으나 요즘은 '어른에게 뜻밖의 당돌한 말이나 행동을 하는 아이'라는 의미로 사용되고 있다.

(4) 勿論(물론) : 勿(없을 물) + 論(말할 론) - 말할 것도 없이

(5) 不肖(불초) : 못나다. 원래는 '(아버지를)닮지 않았다'는 뜻으로, 부모 앞에서 자신을 낮추어 이르는 말인데 뒤에 의미가 확대되어 '어리석고 못난 사람'이란 뜻으로 쓰인다.

(6) 心琴(심금) : 심(마음 심) + 금(거문고 금) - 마음에 감동이 이는 것. 심금이란 말을 직역하면 '마음의 거문고'이다.

(7) 何必(하필) : 何(어찌 하) + 必(반드시 필) - 어째서, 꼭

---

2) 참고문헌 13. pp43-45

8 문학작품, 신문, 서적을 통해 직접 익혀보기

8.1 문장을 통한 한자어 익혀보기

예시 **□□ 안에 알맞는 한자어를 아래 보기에서 골라 쓰시오**

어느날 선조 임금은 □□에 사람을 보내어 동태를 살피기로 마음 먹었습니다. 새로운 □□를 들여와 전쟁□□를 하고 있다는 □□를 들었기 때문입니다. 이에 선조 임금은 □□를 열어 臣下들과 함께 의논하였습니다. 신하들은 □□을 준비해야 하는 이유를 조목조목 □□하였습니다.

日本이 전쟁준비를 한다면 조선도 대비해야 하는 것은 당연한 일이었습니다. 그러나 잘못된 정보로 □□에 소홀해 진다면 百姓들이 굶게 되어 □□한 목숨을 잃게 되기 때문에 쉽게 결정할 일이 아니었습니다. 그리하여 임금은 오랜 고심 끝에 日本에 通信使를 보내기로 □□하였습니다.

조정에서는 그 동안 나라를 위해 큰 공을 세운 □□중에서 황윤길과 김성일을 일본에 보내고 그들이 소식을 갖고 돌아오기를 기다렸습니다.

드디어 두 通信使가 돌아와 임금에게 日本의 形便을 아뢰었습니다. 선조임금은 전보다 더 심각한 苦悶에 빠지게 되었습니다. 일본에 다녀온 두 사람의 말이 너무나 달랐기 때문입니다. 김성일은 일본이 荒廢(황폐)해진 農土(농토)로 인해 전쟁 준비를 하고 있지 않다고 했지만, 황윤길은 조총(鳥銃)의 登場과 함께 전쟁의 □□이 있다고 보고 하였습니다. 두 사람이 이렇게 □□을 하는 동안 선조 임금의 얼굴에는 근심이 깊어가고 있었습니다.

보기 準備 日本 會議 武器 農事 消息 戰爭 言爭 列擧
報告 功臣 決定 貴重 危險

9 동음이의(同音異義)와 동음반의(同音反意)

한자말에는 음은 같은데 뜻이 다른, 이른바 동음이의 어휘들이 무수히 많다. 이러한 경우 한자가 아니라 한글로만 적어 놓으면 의미 혼동의 여지가 많다. 따라서 동음이의와 동음반의를 예시를 통해 살펴보도록 한다.

9.1 동음이의(同音異義)

봉사

奉仕 : (국가나 사회 또는 남을 위하여) 자신을 돌보지 않고 애쓰는 것.

　　　~ 정신

　　　~ 활동

奉事 : 웃어른들을 받들어 섬기는 것

奉祀 : 조상의 제사를 받들어 모시는 것

封事 : 임금에게 올리던 글

운명

運命 : 앞으로의 존망이나 생사에 관한 처지

殞命 : 사람의 목숨이 끊어지는 것

망종

亡終 : 사람이 죽은 때, 또는 인생의 마지막

芒種 : 벼나 보리처럼 까끄라기가 있는 곡식

亡種 : (몹쓸 종자라는 뜻) 행실이 아주 못된 사람

기상

氣相 : 기색(氣色), (희로애락 따위의 마음의 작용으로 나타나는 얼굴빛)

起床 : 잠자리에서 일어나는 것

氣象 : 바람, 비, 구름, 눈 등 대기 중에서 일어나는 모든 행위

氣像 : 사람이 타고난 기개나 마음씨

자력

自力 : 제 스스로의 힘

磁力 : 자기력(磁氣力). 자석끼리, 전류끼리, 또는 자석과 전류가 서로 당기거나 밀어내거나 하
　　　여 서로 미치는 힘

資歷 : 자격과 경력

살수

殺手 : ① 칼과 창을 가진 군사 ② 죄인을 죽이던 사람

撒水 : 물을 흩어서 뿌리는 것.　一器　一車

薩水大捷 : 고구려 영양왕 23년(612년)에 을지문덕이 중국 수나라의 양제(煬帝)가 이끌고 쳐들
　　　어온 대군을 살수에서 크게 물리쳐 이긴 싸움

삼경

三更 : 하룻밤을 다섯으로 나눈 셋째의 시작

三京 : 고구려의 새 서울, 곧 평양성, 국내성, 한성

三庚 : 삼복(三伏)

三卿 : 周나라 때의 세 집정대신인 사도(司徒), 사마(司馬), 사공(司空)

三經 : 시경, 서경, 주역의 세 경서(經書)

9.2 동음반의[3](同音反意)

한자말에는 음은 같은 데 뜻은 서로 반대되거나 거리가 먼 예가 많다.

박학

博學 : 배운 것이 많고 학식이 넓음

薄學 : 학식이 보잘 것 없고 얕고 좁음

방수

防水 : 스며들거나 새거나 넘쳐 흐르는 물을 막음

放水 : 물길을 찾거나 터서 물을 흘려보냄

방화

防火 : 불이 나는 것을 미리 막음

放火 : 일부러 불을 지름

방자

放恣 : 어려워하거나 삼가함이 없이 건방짐

芳姿 : 꽃처럼 아름다운 자태

배외

拜外 : 외국 사람이나 외국의 물건, 사상 따위를 맹목적으로 숭배함

排外 : 외국 사람이나 외국의 문화, 물건 사상 따위를 배척하여 물리침

---

3) 참고문헌 12. pp100-104

수상

受賞 : 상을 받음

授賞 : 상을 줌

실권

失權 : 권리나 권세를 잃음

實權 : 실제로 행사할 수 있는 권리나 권세

실리

失利 : 손해를 봄

實利 : 실제로 얻는 이익

실효

失效 : 효력을 잃음

實效 : 실제로 나타나는 효과

소음

消音 : 소리를 없애거나 작게 하여 밖으로 새어 나가지 아니하도록 함

騷音 : 불규칙하게 뒤섞여 불쾌하고 시끄러운 소리

연패

連敗 : 싸움이나 경기에서 계속하여 짐

連覇 : 운동경기 따위에서 연달아 우승함

유죄

有罪 : 잘못이나 죄가 있음

宥罪 : 죄를 너그러이 용서함

패자

敗者 : 싸움이나 경기에서 진 사람 또는 그런 단체

覇者 : 무력이나 권력, 권모술수로써 천하를 다스리는 사람

절망

切望 : 간절히 바람

絶望 : 바라 볼 것이 없게 되어 모든 희망을 끊어 버림, 또는 그런 상태

정부

貞婦 : 슬기롭고 절개가 굳은 아내 또는 여자

情婦 : 아내가 아니면서, 정을 두고 깊이 사귀는 여자

지통

止痛 : 통증이 멈춤

至痛 : 고통이 모두 심함 또는 그런 고통

진심

眞心 : 거짓이 없는 참된 마음

塵心 : 속세의 일에 더럽혀진 마음

嗔心 : 왈칵 성내는 마음

과욕

過慾 : 욕심이 지나침 또는 그 욕심

寡慾 : 욕심이 적음

편재

偏在 : 한 곳에 치우쳐 있음

遍在 : 널리 퍼져 있음

폭발

暴發 : 속에 쌓여 있던 감정 따위가 일시에 세찬 기세로 나옴

爆發 : 불이 일어나며 갑작스럽게 터짐

협약

協約 : 협상조약

脅約 : 위협에 의하여 이루어진 약속이나 조약

⑩ 생활한자(生活漢字)의 활용(活用)

10.1 경제(經濟), 사회(社會), 문화(文化)와 관련된 한자어

競選	경선				
査察	사찰				
公權力	공권력				
共同聲明	공동성명				
白衣從軍	백의종군				
間接稅	간접세				
公的資金	공적자금				
粉飾會計	분식회계				
支給猶豫	지급유예				
檢問	검문				
歸省	귀성				
設問調査	설문조사				
强制送還	강제송환				
有權解釋	유권해석				

旣成世代 기성세대				
早朝割引 조조할인				
大河小說 대하소설				
排球 배구				
蹴球 축구				
紫外線 자외선				
太極旗 태극기				
韓半島 한반도				
無窮花 무궁화				
漢陽城 한양성				
景福宮 경복궁				

10.2 한양성 이야기

太祖五年에 用石築之하고 世宗四年에 改修라
태조오년　용석축지　　세종4년　　개수

周九千九百七十五步요 高四十尺二寸이라
주구천구백칠십오보　　고사십척이촌

立門八하니 正南曰崇禮요 正北曰 肅靖이요 正東曰 興仁이요
입문팔 　 정남왈숭례 　 정북왈 숙정 　 정동왈 흥인

正西曰 敦義요 東北曰 惠化요 西北曰 彰義요 東南曰 光熙요 西南曰 昭德이라.
정서왈 돈의 　 동북왈 혜화 　 서북왈 창의 　 동남왈 광희 　 서남왈 소덕

성어란 오랜 세월에 걸쳐 일상의 생활에서 널리 쓰이는 한자어를 말한다. 여기에서는 주로 4자로 이루어진 성어 가운데 숫자가 사용된 성어 또는 학문(學問)과 교우(交友) 등에 관한 성어를 이해하도록 한다.

11.1 숫자로 쓰인 성어

聞一知十 문일지십				
一怒一老 일노일로				
九牛一毛 구우일모				
百年偕老 백년해로				
一魚濁水 일어탁수				
十匙一飯 십시일반				
千慮一失 천려일실				
一日千秋 일일천추				
千辛萬苦 천신만고				
韋編三絶 위편삼절				

11.2 학문과 관련 있는 성어

手不釋卷 수불석권				
汗牛充棟 한우충동				
切磋琢磨 절차탁마				
自强不息 자강불식				
螢雪之功 형설지공				
不恥下問 불치하문				
溫故知新 온고지신				
格物致知 격물치지				

11.3 우정과 관련된 성어

管鮑之交 관포지교				
刎頸之交 문경지교				
竹馬故友 죽마고우				
莫逆之友 막역지우				
金石之交 금석지교				
肝膽相照 간담상조				

布衣之交 포의지교				
金蘭之交 금란지교				
芝蘭之交 지란지교				
斷金之交 단금지교				
其臭如蘭 기취여란				
知音知己 지음지기				

11.4 名文 Ⅰ -小學 중에서-

중국 고전에는 삶의 지혜가 담겨있는 명문들이 무수히 많다. 한자로 쓰인 명문은 문장에 해당하기 때문에 한문(漢文)이다.

소학은 송나라 대학자 주희(朱熹)가 고대소학(古代小學)의 교육을 재현할 목적으로 제자(弟子)인 유청지(劉淸之)와 함께 『예기(禮記)』『논어(論語)』 등 각종 경전과 역대 사료(史料)들을 수집하여 편집한 것이다. 소학의 가르침은 쇄소(灑掃), 응대(應對), 진퇴(進退)의 세 가지 예절과 애친(愛親), 경장(敬長), 융사(隆師), 친우(親友)의 네 가지 방도를 근본으로 하였다.

* 元亨利貞은 天道之常이요 仁義禮智는 人性之綱이니라.
　원 형 이 정　　천 도 지 상　　　인 의 예 지　　인 성 지 강

* 孔子曰 賢哉라 回也여 一簞食과 一瓢飮으로 在陋巷하니 人不堪其憂로되
　공 자 왈　현 재　회 야　일 단 사　일 표 음　　　재 누 항　　인 불 감 기 우

回也 不改其樂하니 賢哉라 回也여
회야 불개기락   현재   회야

＊ 顔氏家訓曰 夫所以讀書學問은 本欲開心明目하여 利於行耳니라(嘉言)
안 씨 가 훈 왈 부 소 이 독 서 학 문   본 욕 개 심 명 목   이 어 행 이

＊ 今日에 行一難事하고 明日에 行一難事하면 久則自然堅固니라(嘉言)
금 일   행 일 난 사   명 일   행 일 난 사   구 즉 자 연 견 고

＊ 曲禮曰 凡爲人子之禮는 冬溫而夏凊하며 昏定而晨省하며 出必告하며
곡 례 왈 범 위 인 자 지 례   동 온 이 하 청   혼 정 이 신 성   출 필 곡

反必面하며 所遊를 必有常하며 所習을 必有業하며 恒言에 不稱老니라
반 필 면   소 유   필 유 상   소 습   필 유 업   항 언   불 칭 로

＊ 曲禮曰 父召어든 無諾하며 先生召어든 無諾하고 唯而起니라
곡 례 왈 부 소   무 낙   선 생 소   무 낙   유 이 기

＊ 曾子曰 孝子之養老也는 樂其心하며 不違其志하며 樂其耳目하며
증 자 왈   효 자 지 양 노 야   낙 기 심   불 위 기 지   낙 기 이 목

安其深處하며 以其飮食으로 忠養之니라.
안 기 심 처   이 기 음 식   충 양 지

＊ 正爾容하며 聽必恭하며 毋勦說하며 毋雷同하고 必則古昔하여 稱先王이니라
　　정이용　　　청필공　　　무초설　　무뇌동　　필칙고석　　칭선왕

＊ 孔子曰 朋友는 切切偲偲하고 兄弟는 怡怡니라
　　공자왈　붕우　　절절시시　　　형제　이이

＊ 孟子曰 責善은 朋友之道也니라
　　맹자왈　책선　붕우지도야

⑫ 고사성어(故事成語)와 명문(名文) Ⅱ

　　고사성어(故事成語)는 성어 가운데서도 예전의 어떤 사건이나 일화에서 유래된 성어를 말한다. 따라서 고사성어 중에는 이야기가 숨어 있으며, 그 이야기 속에는 옛사람들의 생각과 생활 문화 등이 녹아 있다.

12.1 고사성어(故事成語)

鷄卵有骨								
咸興差使								
矛盾								
朝三暮四								
武陵桃源								
刻舟求劍								
尾生之信								
登龍門								
杞憂								
狐假虎威								
他山之石								

群鷄一鶴									
邯鄲之夢									
磨斧爲針									
螳螂拒轍									
多多益善									
四面楚歌									
三顧草廬									
苛政猛虎									
宋襄之仁									
鷄鳴狗盜									
脣亡齒寒									
斷機之戒									

12.2 명문(名文) Ⅱ -大學 중에서-

대학(大學)은 유학의 경전 중의 하나이다. 원래 예기(禮記)의 42편이었는데 송대(宋代)의 주희(朱熹)가 장구(章句)를 짓고 해설을 붙이고 교정하여, 『논어』 『맹자』 『중용』과 함께 사서(四書)라 명명(命名)하였다.

삼강령(三綱領)과 팔조목(八條目)을 내용으로 하여 수기치인(修己治人)을 강조하였다.

＊ 大學之道는 在明明德하며 在親(新)民하며 在止於至善이니라(大學)
　　대 학 지 도　　재 명 명 덕　　　재 친 (신) 민　　　재 지 어 지 선

＊ 富潤屋이요 德潤身이라 心廣體胖하나니 故로 君子는 必誠其意니라.(大學)
　　부 윤 옥　　　덕 윤 신　　　심 광 체 반　　　　고　　　군 자　　　필 성 기 의

＊ 古之欲明明德於天下者는 先治其國하고 欲治其國者는
　　고 지 욕 명 명 덕 어 천 하 자　　　선 치 기 국　　　욕 치 기 국 자

　　先齊其家하고 欲齊其家者는 先修其身하고 欲修其身者는
　　선 제 기 가　　　욕 제 기 가 자　　　선 수 기 신　　　욕 수 기 신 자

　　先正其心하고 欲正其心者는 先誠其意하고 欲誠其意者는
　　선 정 기 심　　　욕 정 기 심 자　　　선 성 기 의　　　욕 성 기 의 자

　　先致其知하니 致知는 在格物하니라(大學)
　　선 치 기 지　　　치 지　　　재 격 물

＊ 自天子以至於庶人히 壹是皆以修身爲本이니라(大學)
　　자 천 자 이 지 어 서 인　　　일 시 개 이 수 신 위 본

＊ 德者는 本也요 財者는 末也니 外本內末이면 爭民施奪이니라(大學)
　　덕 자　　본 야　　재 자　　　말 야　　　외 본 내 말　　　쟁 민 시 탈

* 人一能之어든 己百之하며 人十能之어든 己千之니라(中庸)

　　인일능지　　　기백지　　　인십능지　　　기천지

* (所謂學問者는) 博學之하며　審問之하며　愼思之하며

　　소위학문자　　박학지　　　심문지　　　신사지

明辨之하며 篤行之니라(中庸)

　　명변지　　　독행지

13 고사성어(故事成語)와 명문(名文) Ⅲ

13.1 고사성어

佳人薄命								
刻骨難忘								
角者無齒								
首丘初心								
守株待兎								
梁上君子								
安貧樂道								
漁父之利								
易地思之								
羊頭狗肉								
實事求是								
緣木求魚								
烏飛梨落								
仁者無敵								

烏合之卒								
以卵投石								
龍味鳳湯								
龍頭蛇尾								
類類相從								
以心傳心								
人死留名								
自暴自棄								
立身揚名								
頂門一針								
轉禍爲福								
自激之心								
臨機應變								

13.2 명문(名文) Ⅲ −論語−

『논어』는 유학의 경전인 사서(四書) 중의 하나이다. 고대 중국의 사상가 공자(孔子)의 가르침을 전하는 문헌으로 중국 최초의 어록(語錄)이다.

정자(程子)께서 말씀하시길 "『논어』를 읽음에 다 읽은 뒤에 전혀 아무런 일이 없는 자도 있으며, 다 읽은 뒤에 그 가운데 한 두 구절을 터득하고 기뻐하는 자도 있으며, 다 읽은 뒤에 좋아하는 자도 있으며, 다 읽은 뒤에 곧바로 자기도 모르게 손으로 춤을 추고 발로 뛰는 자도 있다.(直有不知手之舞之足之蹈之者)" 라고 하였다.

* 子曰 五十有五而志于學하고 三十而立하고 四十而不惑하고
　　자 왈　 오십유오이지우학　　　삼 십 이 립　　　사 십 이 불 혹

五十而知天命하고 六十而耳順하고 七十而從心所欲하여 不踰矩라(爲政)
오 십 이 지 천 명　　　육 십 이 이 순　　　칠십이종심소욕　　　불 유 구

* 子曰 溫故而知新이면 可以爲師矣니라(爲政)
　　자 왈　 온 고 이 지 신　　　가 이 위 사 의

* 禮는 與其奢也론 寧儉이요 喪은 與其易也론 寧戚이니라(八佾)
　　예　 여 기 사 야　　영 검　　　상　 여 기 이 야　　영 척

* 子曰 由아 誨女知之乎인저 知之爲知之요 不知爲不知 是知也니라(爲政)
　　자 왈　 유　　회 여 지 지 호　　　지 지 위 지 지　　부 지 위 부 지　시 지 야

* 子曰　不患人之不己知요 患不知人也니라(學而)
　　자 왈　　불 환 인 지 부 기 지　　환 부 지 인 야

* 曾子曰 吾日三省吾身하노니 爲人謀而不忠乎아 與朋友交而不信乎아
　　증 자 왈　 오 일 삼 성 오 신　　　위 인 모 이 불 충 호　　여 붕 우 교 이 불 신 호

傳不習乎아(學而)
전 불 습 호

＊ 子曰 參乎아 吾道는 一以貫之니라
자 왈 삼 호　　오 도　　일 이 관 지

曾子曰 唯라
증 자　　　유

子出커시늘 門人이 問曰 何謂也잇고
자 출　　　문 인　　문 왈　하 위 야

曾子曰 夫子之道는 忠恕而已矣니라(學而)
증 자　　　부 자 지 도　　충 서 이 이 의

＊ 顔淵이 問仁한데 子曰 克己復禮爲仁이니
안 연　　문 인　　　자 왈　극 기 복 례 위 인

一日克己復禮면 天下歸仁焉하노니 爲仁이 由己니 而由人乎哉아
일 일 극 기 복 례　천 하 귀 인 언　　　위 인　　유 기　　이 유 인 호 재

顔淵이 曰 請問其目하노니
안 연　　왈　청 문 기 목

子曰 非禮勿視하며 非禮勿聽하며
자왈　비례물시　　비례물청

非禮勿言하며 非禮勿動이니라(顔淵)
비례물언　　비례물동

＊　子曰 君子는 不器니라(爲政)
　　자왈　군자　　불기

14.1 고사성어

白骨難忘								
拔本塞源								
背水之陣								
附和雷同								
晩時之歎								
明鏡止水								
怒甲移乙								
塗炭之苦								
登高自卑								
內剛外柔								
近朱者赤								
近墨者黑								
男負女戴								
矯角殺牛								

結者解之								
堂狗風月								
凍足放尿								
生而知之								
桑田碧海								
塞翁之馬								
說往說來								
如履薄氷								
指鹿爲馬								
塵合泰山								
走馬看山								
靑出於藍								
忠言逆耳								
紅爐點雪								
換骨奪胎								

14.2 名文 IV −孟子−

맹자(孟子)는 중국 전국시대의 사상가 맹가(孟軻) 자신이 그의 문도(門徒)들과 저술한 것으로 되어 있다.

공자의 인(仁)에 의(義)를 더하여 왕도정치(王道政治)를 바탕으로 삼고, 다시 본성이 선(善)하다고 전제하여 인간을 적극적으로 신뢰하는 성선설(性善說)과 민의(民意)에 의한 정치적 혁명을 긍정하는 것이 내용의 핵심이다.

"『맹자』 一書는 인심을 바로 잡고자 하였으며 사람들로 하여금 마음을 보존하고 성을 길러 그 방심을 거두는데(征人心이니 教人存心養性하여 收其放心이라) 주안점을 두었다".(陽氏)

* 民之爲道也 有恒産者는 有恒心이요
  민 지 위 도 야   유 항 산 자   유 항 심

  無恒産者는 無恒心이라(滕文公章句上)
  무 항 산 자   무 항 심

* 以力服人者는 非心服也라 力不贍也요
  이 력 복 인 자   비 심 복 야   역 부 섬 야

  以德服人者는 中心이 悅而誠服也니 如七十子之服公子也라(公孫丑章句上)
  이 덕 복 인 자   중 심   열 이 성 복 야   여 칠 십 자 지 복 공 자 야

* 敢問何謂浩然之氣잇고 曰 難言也니라
  감 문 하 위 호 연 지 기   왈 난 언 야

其爲氣也 至大至剛하니 以直養而無害면
기 위 기 야   지 대 지 강   이 직 양 이 무 해

則塞于天地之間이니라(公孫丑章句上)
즉 색 우 천 지 지 간

* 宋人이 有閔其苗之不長而揠之者러니 芒芒然歸하여
송 인   유 민 기 묘 지 부 장 이 언 지 자   망 망 연 귀

謂其人曰 今日에 病矣로라 予助苗長矣로라하여늘
위 기 인 왈 금 일   병 의   여 조 묘 장 의

其子趨而往視之하니 苗則稿矣러라(公孫丑章句上)
기 자 추 이 왕 시 지   묘 즉 고 의

* 孟子曰 人不可以無恥니 無恥之恥면 無恥矣리라(盡心章句上)
맹 자 왈 인 불 가 이 무 치   무 치 지 치   무 치 의

* 惻隱之心은 仁之端也요 羞惡之心은 義之端也요
측 은 지 심   인 지 단 야   수 오 지 심   의 지 단 야

辭讓之心은 禮之端也요 是非之心은 知(智)之端也니라(公孫丑章句上)
사 양 지 심   예 지 단 야   시 비 지 심   지 (지) 지 단 야

15 일자다음(一字多音)과 혼동하기 쉬운 한자 4)

15.1 일자다음(一字多音)

하나의 한자가 두 가지 이상의 음으로 읽히고, 그 음이 달라짐에 따라 뜻도 달라지는 것을 일자다음이라고 한다.

각각의 음과 뜻에 따라 각기 다른 한자를 만들어 냈어야 마땅하지만, 글자 수가 너무 많아질 것을 염려하여 이미 만들어진 글자로 대용(代用)하다 생긴 현상이다.

(1) ㄱ · ㄴ · ㄷ

| 降 ········ | 내릴 강 | 降雨( ) | 昇降( ) |
| | 항복할 항 | 降伏( ) | 投降( ) |

| 更 ········ | 다시 갱 | 更生( ) | 更年期( ) |
| | 고칠 경 | 更張( ) | |

| 車 ········ | 수레 거 | 自轉車( ) | 人力車( ) |
| | 수레 차 | 汽車( ) | 自動車( ) |

| 見 ········ | 볼 견 | 見學( ) | 見物生心( ) |
| | 뵈올 현 | 謁見( ) | |

| 契 ········ | 맺을 계 | 契約( ) | |
| | 부족이름 글 | 契丹( ) | |

| 金 ········ | 쇠 금 | 金石( ) | |
| | 성 김 | 金君( ) | |

---

4) 참고문헌 12. 부록편

奈	········	어찌 나 어찌 내	奈落( ) 奈何( )	
內	········	안 내 여관 나	內外( ) 內人( )	
茶	········	차 다 俗音 차	茶菓( ) 茶禮( )	茶室( )
丹	········	붉을 단 꽃이름 란	丹靑( ) 牡丹( )	
糖	········	엿 당 사탕 탕	糖尿( ) 砂糖( )	麥芽糖( )
度	········	법도 도 헤아릴 탁	度量( ) 度支部( )	制度( )
讀	········	읽을 독 구절 두	讀書( ) 句讀( )	多讀( ) 吏讀( )
洞	········	골 동 밝을 통	洞窟( ) 洞察( )	洞里( )

(2) ㄹ · ㅂ · ㅅ

樂	········	즐길 락 풍류 악 좋아할 요	樂觀( ) 樂器( ) 樂山樂水( )	樂園( ) 樂隊( )
復	········	다시 부 회복할 복	復活( ) 復權( )	復興( ) 回復( )
北	········	북녘 북 달아날 배	北方( ) 敗北( )	
分	········	나눌 분 푼 푼	分離( ) 五分( )	兩分( )

不	········	아닐 불	不可(	)	不利(	)
		아닐 부	不當(	)	不正(	)
寺	········	절 사	寺刹(	)		
		관청 시	司僕寺(	)		
殺	········	죽일 살	殺傷(	)	打殺(	)
		빠를 쇄	殺到(	)		
		감할 쇄	減殺(	)		
塞	········	변방 새	要塞(	)		
		막힐 색	閉塞(	)		
索	········	찾을 색	思索(	)		
		노 삭	鐵索(	)		
說	········	말씀 설	說敎(	)		
		달랠 세	遊說(	)		
		기쁠 열	說樂(	)		
省	········	살필 설	反省(	)		
		덜 생	省略(	)		
率	········	거느릴 솔	統率(	)		
		비율 률	比率(	)		
數	········	셈 수	數學(	)		
		자주 삭	頻數(	)	數尿症(	)
宿	········	잘 숙	宿食(	)		
		별자리 수	星宿(	)		
拾	········	주울 습	收拾(	)	拾得物(	)
		열 십	拾萬(	)		
識	········	알 식	知識(	)		
		기록할 지	標識(	)		

(3) ㅇ · ㅈ · ㅁ

惡 ········ 악할 악   惡毒(　　)
         미워할 오   憎惡(　　)

若 ········ 만약 약   萬若(　　)
         반야 야   般若經(　　　)

於 ········ 어조사 어   於是乎(　　　)
         탄식할 오   於乎(　　)

易 ········ 쉬울 이   容易(　　)
         바꿀 역   交易(　　)

刺 ········ 찌를 자   刺客(　　)
         찌를 척   刺殺(　　)

狀 ········ 문서 장   賞狀(　　)
         모양 상   狀態(　　)

著 ········ 나타날 저   著名(　　)
         지을 저   著書(　　)
         붙을 착   到着(　　)

切 ········ 끊을 절   切開(　　)
         온통 체   一切(　　)

辰 ········ 별 진   壬辰年(　　　)
         때 신   生辰(　　)

則 ········ 곧 즉   然則(　　)
         법칙 칙   規則(　　)

徵 ········ 부를 징   徵兵(　　)
         음률이름 치   徵音(　　)

(4) ㅊ·ㅌ·ㅍ·ㅎ

參	········	참여할 참 석 삼	同參( ) 參拾( )
差	········	다를 차 어긋날 치	差別( ) 參差( )
宅	········	집 택 俗音 댁	家宅( ) 宅內( )
布	········	베 포 펼 포 보시 보	布木( ) 公布( ) 布施( )
暴	········	사나울 폭 모질 포	暴力( ) 暴惡( ) 橫暴( )
皮	········	가죽 피 俗音 비	皮革( ) 鹿皮( )
行	········	다닐 행 행실 행 항렬 항	行進( ) 行實( ) 行列( )
畫	········	그림 화 그을 획	畫廊( ) 畫順( )

15.2 혼동하기 쉬운 한자

한자는 글자 수가 매우 많다는 특성을 가지고 있다. 원칙상 하나의 글에 하나의 글자가 배정되기 때문이다. 글자 수가 많다 보니 그들 중에는 매우 흡사한 것들이 많을 수 밖에 없다. 따라서 한자 모양이 비슷하여 혼동하기 쉬운 한자를 익혀 보도록 한다.

| 假 | 거짓 가 | 假面(|) | 困 | 곤할 곤 | 疲困(|) |
| 暇 | 겨를 가 | 休暇(|) | 囚 | 가둘 수 | 囚人(|) |

刻	새길 각	彫刻(	)	季	철 계	季節(	)
核	씨 핵	核心(	)	李	자두 리	李花(	)
該	그 해	該當(	)	秀	빼어날 수	優秀(	)

減	덜 감	減少(	)	勸	권할 권	勸善(	)
滅	멸망할 멸	滅亡(	)	觀	볼 관	觀覽(	)
				歡	기뻐할 환	歡待(	)

鋼	굳셀 강	鋼鐵(	)				
綱	벼리 강	綱領(	)	戴	일 대	負戴(	)
網	그물 망	魚網(	)	載	실을 재	積載(	)

| 坑 | 구덩이 갱 | 坑道(|) | 徒 | 걸어다닐 도 | 徒步(|) |
| 抗 | 겨룰 항 | 抵抗(|) | 徙 | 옮길 사 | 移徙(|) |

儉	검소할 검	儉素(	)	旅	나그네 려	旅行(	)
險	험할 험	險難(	)	施	베풀 시	實施(	)
檢	검사할 검	點檢(	)	旋	돌 선	周旋(	)

決	결단할 결	決定(	)	綠	초록빛 록	綠色(	)
快	쾌할 쾌	豪快(	)	緣	인연 연	因緣(	)
				錄	기록할 록	紀錄(	)
經	지날 경	經歷(	)	祿	복 록	祿俸(	)
徑	지름길 경	直徑(	)				

栗 밤나무 률　生栗(　　)

粟 조 속　　粟豆(　　)

幕 장막 막　　天幕(　　)

墓 무덤 묘　　墓地(　　)

暮 저물 모　　日暮(　　)

募 모을 모　　募集(　　)

慕 사모할 모　思慕(　　)

奉 받들 봉　　奉養(　　)

奏 아뢸 주　　演奏(　　)

衰 쇠할 쇠　　衰退(　　)

衷 속마음 충　衷心(　　)

哀 슬플 애　　哀惜(　　)

表 드러날 표　表現(　　)

博 넓을 박　　博士(　　)

傅 스승 부　　師傅(　　)

傳 전할 전　　傳受(　　)

師 스승 사　　恩師(　　)

帥 장수 수　　將帥(　　)

雅 우아할 아　優雅(　　)

稚 어릴 치　　幼稚(　　)

謁 아뢸 알　　謁見(　　)

揭 들 게　　揭示(　　)

延 끌 연　　延期(　　)

廷 조정 정　　朝廷(　　)

汚 더러울 오　汚染(　　)

汗 땀 한　　汗蒸(　　)

濁 흐릴 탁　　淸濁(　　)

燭 촛불 촉　　華燭(　　)

獨 홀로 독　　孤獨(　　)

侯 제후 후　　諸侯(　　)

候 물을 후　　氣候(　　)

喉 목구멍 후　喉音(　　)

참고문헌

1. 漢韓大字典, 民衆書林

2. 現代漢韓辭典, 東亞出版社

3. 그랜드 國語辭典, 금성출판사

4. 說文解字, 염정삼, 서울대학교 출판문화원

5. 540部首漢字, 안재철, 하늘북

6. 漢字部首解說, 李忠九, 전통문화연구회

7. 故事成語, 채지충, 도서출판 두성

8. 小學, 學民文化社

9. 大學 中庸, 學民文化社

10. 論語, 學民文化社

11. 孟子, 學民文化社

12. 대학생을 위한 교양 한자, 전광진, 다락원

13. 실용교양한문, 이상진, 전통문화연구회

14. 한자능력 검정용 2350자, 조선일보사

15. 뿌리를 찾는 한자 2350.1.2, 조선일보사

16. 한자와의 만남, 서울특별시 강남교육청

17. 形音義源流字典, 이병관 편찬, 미술문화원

실용한자 2013

초판 인쇄   2013년 2월 20일
초판 발행   2013년 3월 28일

저 자 이옥훈
발행인 윤석현
발행처 제이앤씨
등 록 제7-220호

주소   서울시 도봉구 창동 624-1 북한산 현대홈시티 102-1106
전화   (02) 992-3253(대)
팩스   (02) 991-1285
전자우편   jncbook@daum.net
홈페이지   http://www.jncbook.co.kr
책임편집   박채린 이신 김선은

ISBN 978-89-5668-934-0   13710   정가 7,000원